SŒUR SAINTE-MADELEINE

LA

QUÊTEUSE

D'ORGON

A QUI L'ACADÉMIE FRANÇAISE A DÉCERNÉ

LE GRAND PRIX MONTYON

Dans la séance du 3 juillet 1862

Abundat Charitas

AIX

LIBRAIRIE MAKAIRE, RUE PONT-MOREAU

MARSEILLE

LIBRAIRIE PROVENÇALE BOY, BOULEVARD DUGOMMIER

—

1862

Imprimerie ILLY, rue du Collége, 20, à Aix

La récompense éclatante, que l'Académie française vient de décerner à une humble fille de la Provence, a aussitôt tourné vers *la Quêteuse d'Orgon* tous les cœurs qui savent goûter ce que la vertu a de grand dans ses dévouements et ses industrieuses conceptions.

Le rapport de M. de Montalembert, dont la plume nous a depuis longtemps habitués à admirer les desseins généreux qu'inspire le Christianisme, a soulevé un coin du voile qui cachait à la France ce spectacle de sacrifice et de charité (*). On en a assez vu pour comprendre et louer, pas assez pour satisfaire entièrement une pieuse curiosité. C'est que la vertu exerce sur les cœurs un empire, une sorte de fascination secrète qui se comprend : notre esprit est fait pour le beau et rien n'est si beau que l'héroïsme. Si souvent témoin d'évènements propres à lui montrer sa faiblesse, l'homme sent parfois le besoin de reposer sa vue sur un horizon plus consolant : il se rappelle alors que le bien sait faire encore germer dans les cœurs les plus nobles résolutions et qu'il enfante toujours « des prodiges de puissance et de grandeur morale. »

(*) Voir page 14, le passage de ce discours relatif à la sœur Madeleine Laugier.

Nous croyons répondre à ces exigences et à la pensée du fondateur des prix Montyon, en faisant connaître plus en détail la vie d'abnégation de celle dont la charité a mérité cette année la première place dans l'admiration de tous les hommes de bien.

Un autre motif, et il nous semble à propos de l'indiquer, nous encourage en ce dessein. Il n'est personne qui parcourant la liste de ces noms que l'Académie vient de consacrer en les proclamant, n'ait été frappé de voir encore relatées avant les autres, trois vertus nouvelles dont la Provence a vu naître les premiers élans, recueilli les premiers fruits, goûté les premières consolations (*). Nous devons enregistrer avec fierté cette récente illustration dans ses fastes déjà si riches et si justement chers à ses fils.

Non, ce n'est pas son ciel bleu, son soleil vivifiant, ses poétiques vallons qui attachent seuls à la Provence : il est pour ses enfants des liens plus intimes. A tous les titres, sans doute, elle peut présenter à l'admiration publique des noms illustres et des souvenirs marquants. Mais pour la charité, le dévouement et le sacrifice, on la dirait spécialement bénie.

(*) Après Madeleine Laugier, l'Académie française a couronné, cette année, Mlle Hortense de Gélinsky, à Digne (Basses-Alpes), et Mlle Justine Fabre, à Aix (Bouches-du-Rhône).

Voir le compte-rendu de la séance publique annuelle tenue le 3 juillet dernier, sous la présidence de M. le comte de Montalembert, directeur, et le discours de ce dernier.

— Le premier nom qui figure sur la liste des prix de vertu décernés par l'Académie française, en 1858, appartient aussi à la Provence. Le grand prix Montyon fut en effet accordé dans la séance du 19 août de cette année, et sur le rapport de M. Saint-Marc Girardin, à la femme Françoise Gaudin, épouse Durand, de Joucas, arrondissement d'Apt.

On peut lire les intéressants documents de cette cause mémorable dans un mémoire publié par M. J.-S. Jean, 28 pag. g^d in-4°, Apt, 1857,—et le rapport de M. Saint-Marc Girardin, directeur de l'Académie française, in-8° de 8 pages, Apt, 1858.

C'est à M. Jean, auteur du nouveau mémoire présenté à l'Académie en 1858, que revient l'honneur d'avoir le premier attiré l'admiration publique sur le noble dévouement conjugal de la femme Durand.

Que d'exemples à jamais célèbres n'en peut-elle pas offrir aux différentes époques de son histoire?

Autrefois ses rivages ne retinrent-ils pas la barque miraculeuse qui amenait dans nos contrées, pour les féconder par leur apostolat, les disciples privilégiés du Christ? Et sans étaler ici le trésor de ses gloires, il suffit de citer le pieux fondateur des héros de Jérusalem, de Rhodes et de Malte pour montrer qu'elle n'a pas été étrangère à ce que le courage et l'abnégation ont de plus énergique (*). Le nom de l'immortel Belzunce rappelle enfin qu'elle n'a pas seulement vu se former de grandes entreprises, mais qu'elle a été le théâtre et le témoin de la plus ardente charité.

De si beaux exemples ont habitué les Provençaux à apprécier le dévouement même dans les conditions les moins élevées. Ces nouveaux noms que notre pays ajoute aux autres perpétueront la renommée de ses célébrités et continueront la longue suite d'utiles enseignements que son histoire peut fournir (**).

Le premier de ces dévouements, couronné cette année par l'Académie française, avait attiré depuis longtemps sur la

(*) Gérard Tenque ou Tung, et Tom selon quelques-uns, né à Martigues, en Provence, au milieu du onzième siècle, fonda, en l'année 1080, l'Ordre des Hospitaliers de Saint-Jean-de-Jérusalem, qui devinrent ensuite les Chevaliers de Rhodes et plus tard les Chevaliers de Malte. — Bertrand II, fils de Geofroi Ier, de la dynastie des Boson, était alors comte de Provence. — Gérard mourut vers l'an 1120. Quelques années après la prise de Rhodes, en 1534, Jean de Boniface, de la maison de la Môle, transporta le corps du bienheureux fondateur de l'Ordre à Manosque, où il fit ériger une chapelle en son honneur. — Cette dernière ville possède un buste en argent de Gérard Tenque, fait par Puget, et d'après lequel le portrait du premier grand maître a été reproduit sur la magnifique verrière placée en 1859 à la fenêtre absidale de l'église Saint-Jean-de-Malte à Aix.

(**) C'est pour les rendre plus saillants et de là plus à même d'être imités, qu'un de nos concitoyens les plus honorables et les plus regrettés, M. Gustave Rambot, dont l'Académie d'Aix a déjà commencé à réaliser les bienfaisantes volontés, a fondé pour cette ville un prix

modeste sœur quêteuse le respect et la vénération publique. La notice que nous publions aujourd'hui a été écrite il y a vingt-sept ans, et insérée dans une feuille littéraire locale, la *Revue Aptésienne* (*) ; en la reproduisant, nous pouvons y ajouter quelques notes puisées dans le manuscrit même·de l'auteur. Durant les longues années qui nous séparent de cette époque, la charité de la sœur Madeleine a été la même : révélés ces derniers temps à l'Académie, de tels actes de vertu ne pouvaient qu'obtenir la première place d'honneur.

En terminant, nous devons dire que nous sommes heureux par la publication de cette notice, de pouvoir rendre un pieux hommage de respectueuse, tendre et filiale vénération à la mémoire chérie de Celui par qui furent écrites les lignes qu'on va lire !

HIPPOLYTE GUILLIBERT.

Aix, 8 juillet 1862.

destiné à récompenser le dévouement, le désintéressement et la charité.

Voir le compte-rendu de la séance publique de l'Académie du 28 janvier 1862, et notamment le rapport fait par M. Charles de Ribbe, sur le prix Rambot. — Voir aussi : *Notice sur Gustave Rambot*, par le chevalier L. de Berluc-Perussis. Aix, 1860.

(*) Ce journal hebdomadaire, fondé le 10 août 1834, fut interrompu le 11 août 1835, puis repris en 1836 du 22 mai au 5 juin seulement. Publié de nouveau le 30 mai 1841, il cessa de paraître dans le courant de l'année suivante. — Les vingt-neuf premiers numéros ont été imprimés à Apt, chez J. Tremollière, et les autres chez Ed. Cartier.

Les rédacteurs principaux de cette revue furent, la première année, MM. Victor de Laprade, aujourd'hui membre de l'Académie française ; Félix Guillibert, auteur de la notice ; Fortuné et Elzéar Pin, A. de Sigoyer, E. Seymard, Rastoul, docteur Musso, E. Falconnet, Charlemagne, J.-S. Jean et Jouve.— La plupart de ces noms cachés sous des initiales de fantaisie ne peuvent être que difficilement reconnus. Ceci explique quelques omissions de notre part dans cette liste des fondateurs et rédacteurs de la *Revue Aptésienne*.

SŒUR SAINTE-MADELEINE

d'Orgon (*)

—

A tous les voyageurs qui passent devant la petite ville d'Orgon, sur la route d'Avignon à Marseille, il se présente une petite religieuse à robe noire, à coiffe noire et blanche, à croix d'argent, — vous tendant une petite boîte de fer-blanc, dans laquelle elle vous prie de laisser tomber une aumône *pour les pauvres voyageurs malades à l'hôpital.* — Qu'il soit nuit ou qu'il soit jour, la quêteuse est toujours là ; seulement, la nuit, elle porte une propre et luisante petite lanterne à quatre verres bien transparents.

Il est impossible que vous ayez vu Orgon sans voir la quêteuse. — Si cette femme était une femme comme les autres, si sa robe et sa croix ne la mettaient pas en dehors du domaine du monde, si sa vie enfin ne la faisait pas sacrée comme chose du ciel, je pourrais vous rappeler qu'elle est jolie, qu'elle a de grands yeux noirs, beaux de naïveté et de modestie autant que d'éclat ; que ces yeux couronnés de sourcils noirs, couverts de longs cils noirs aussi, ressortent admirablement sur une figure douce

(*) Petite ville située au bord de la Durance, dans le département des Bouches-du-Rhône.

et régulière, quoique pâle et amaigrie par la fatigue.... (*) Mais je m'arrête ; la sainte fille m'en voudrait de parler d'elle ainsi, et je ne dois m'occuper que de son dévouement, c'est-à-dire de sa vie.

Elle a nom *Madeleine :* elle est de Bonnieux, arrondissement d'Apt (**) ; jusqu'en 1820, à peu près, elle y vécut à grandir, à prier et à travailler entre les deux seuls parents qui lui fissent une famille : sa mère et son frère. — C'est une belle éducation que celle de la campagne dans la pauvreté et par le travail, lorsque l'on a le bonheur d'avoir appris à y joindre la prière. — Ce fut toute l'éducation de Madeleine, et jusqu'à l'âge de vingt ans elle ne connut d'autre vie que les travaux de la terre pendant six jours de la semaine, et le dimanche, les offices, qu'elle écoutait avec ferveur, en répétant de nombreux *Avec Maria* aux pieds de la Sainte-Vierge, *la bonne Mère,* qu'elle aimait de tout son cœur simple et pur.

Elle était à Bonnieux si bien la plus sage entre toutes, qu'elle fut remarquée par plus d'une mère ayant garçon à établir ; et pour peu qu'elle eût possédé quelques cents francs de dot, elle n'eût pas manqué de partis. Mais Dieu la destinait à autre chose qu'au mariage, et la voulait pauvre comme ceux qu'il choisit toujours, et pour décider son avenir, il l'affligea

(*) Le portrait de la sœur Madeleine a été fait deux fois. Le premier, peint par un soldat malade, est à l'hôpital d'Orgon. Plus tard on parvint à grand peine à décider la sœur à laisser reproduire ses traits par la lithographie : on lui fit espérer qu'en distribuant son portrait aux voyageurs, elle augmenterait les recettes de l'hospice. Cette lithographie, parait-il, n'a pas été très bien réussie.

(**) Madeleine Laugier naquit à Bonnieux le 12 août 1801. Elle est par conséquent aujourd'hui âgée de soixante-un ans.

d'un grand malheur dans son frère : son frère qui gagnait comme elle sa vie aux champs, se vit tout à coup perclus de tous ses membres, et cloué sur un lit de douleur. Cela dura bien longtemps, et rendit la petite famille triste comme jamais, pauvre plus que jamais ; car le travail de deux femmes, entrecoupé des soins qu'exigeait le malade, devenait insuffisant. Mais ce frère, cette sœur, cette mère savaient prier ; ils s'adressèrent à Notre-Dame-de-Lumières que l'on n'invoque jamais en vain (*) ; bientôt, par sa protection, le paralytique se leva et fut guéri ; et il put aller lui-même à pied remercier la Sainte Madone.

C'est à la suite de ce miracle que se décida la vocation de Madeleine ; un jour elle partit, laissant sa mère et son frère, et vint à Avignon frapper à la porte d'un hôpital, demandant à soigner les pauvres, à prononcer des vœux de religieuse, à se dévouer au service de Dieu, et réclamant comme une grâce l'office le plus dur.

Lorsqu'on la vit si zélée, on lui offrit d'aller à Orgon quêter au profit de l'hôpital destiné dans ce petit pays de passage aux voyageurs malades et pauvres.—On ne lui cacha pas combien était fatigante, surtout pour une femme, cette vie au grand air par tous les temps et par toutes les heures, à l'affût des voitures qui passent, au travers des postillons et des charretiers,

---

(*) Le sanctuaire de Notre-Dame-de-Lumières est célèbre dans tout le Midi. Des milliers d'ex-voto attestent la foi des Provençaux dans la protection de la Mère de Dieu invoquée sous ce nom. — La chapelle, rebàtie en 1663, fait partie d'un assez vaste couvent qui, fondé la même année, par le P. Michel du Saint-Esprit, de l'Ordre des Carmes, et possédé très longtemps après par des Trappistes, appartient depuis vingt-huit ans environ à la Congrégation des RR. PP. Oblats de Marie. — Notre-Dame-de-Lumières est située sur la route d'Avignon à Apt, entre cette dernière ville et Lisle (Vaucluse).

à la merci du froid et de l'insomnie, et cela, avec une mince guérite de bois pour seul abri, une petite chaufferette pour seul foyer. — Elle accepta et vint à Orgon s'installer à la place de l'ancienne quêteuse morte tout récemment. — Car Madeleine n'est pas la première qui ait quêté ainsi ; il y a toujours eu à Orgon une quêteuse ; toutes celles qui ont passé là leur vie furent saintes et dévouées ; toutes méritent d'être bénies. — Je ne puis vous parler, moi, que de Madeleine, la seule que j'aie connue ; mais en dire une, c'est les dire toutes. — Et cependant chacune ne mériterait-elle pas son histoire à part ? Mais parmi tous ces traits de charité qui s'oublient, je ne puis résister au plaisir de rappeler celui de la quêteuse qui se trouvait là au moment de la grosse révolution. La Terreur en fermant l'hôpital d'Orgon l'avait chassée de sa guérite ; et lorsque l'hôpital se rouvrit, on la vit revenir, apportant *dix-huit cents francs*, produit de ses quêtes secrètes à travers les mille dangers qu'une religieuse avait à courir en ce temps-là. La pauvre fille, proscrite, pourchassée, obligée de se cacher, ne s'était pas crue pour cela dispensée envers le ciel de sa mission de quêteuse. — Aussi jugez ce que lui auront valu ces dix-huit cents francs dans le sein de Dieu ?

— Mais revenons à Madeleine, ou mieux, à notre bonne sœur sainte Madeleine. — Je veux vous mettre au courant de sa vie qu'elle m'a montrée toute entière, il y a dix-huit mois (*), avec cette simplicité d'obligeance et d'empressement dont la charité sait toujours se parer, même

(*) La visite de la sœur Madeleine, racontée par l'auteur, eut lieu en effet dans le courant de l'été de 1833. — Les notes sur lesquelles a été rédigé ce récit sont datées de cette même époque.

lorsqu'il ne s'agit plus pour elle d'un bienfait à offrir.

La Sœur avait pour tout logement, à cette époque, deux guérites de bois placées sur la grande route, à dix minutes de distance l'une de l'autre et lui servant alternativement d'abri, selon que besoin est pour elle d'attendre sur tel ou tel point les diligences qui passent ou s'arrêtent. — J'ai su que depuis on lui avait construit une guérite en pierre ; — merci pour qui a fait cette bonne œuvre ! — bien sûr, lorsque je passerai de nouveau à Orgon, je ne manquerai pas de rendre ma visite à la Sœur, dans ce nouveau logement ; — mais permettez-moi de vous parler seulement de l'ancien qu'elle a d'ailleurs occupé déjà pendant douze ans.

Avant la guérite de pierre, elle avait donc deux guérites de bois, fermant au moyen d'une petite porte. La plus petite, qu'elle me montra la première, était pleine avec une chaise, une chaufferette, une petite table et de petites étagères supportant quelques livres de piété ; puis, en guise de tapisserie, des liens de raisin, dont on lui avait fait cadeau et qu'elle conservait pour *ses* malades.

De là nous allâmes à la grande guérite.

La grande guérite, c'était le quartier général de la Sœur, son principal établissement, son hôtel à la ville ; quatre personnes pouvaient y entrer ensemble et même s'y asseoir, car il y avait quatre sièges. Là se trouvait en miniature toute la vie matérielle d'une nonne ; au fond, un petit lit court et étroit comme ne le sont pas les lits de vos enfants de six ans ; au-dessus du lit, un petit reposoir orné d'une petite croix, de quatre petits cierges, d'un saint Joseph et d'une Sainte-Vierge, charmantes petites poupées de cire enjolivées de paillettes d'or ; à droite et à gauche, plusieurs petits tableaux de piété.

Puis, tout au tour, des étagères supportant des livres de dévotion ; ici une petite armoire, c'est le cabinet de décharge ; là un court rideau blanc, c'est la garde-robe de la Sœur ; puis, des pommes, des poires, des coings posés partout, des raisins pendus partout ; vous savez qu'on les lui donne, et pour qui elle les garde.

Puis enfin une petite table, une chaufferette, une petite montre d'argent pendue à un clou ; et, je l'ai déjà dit, quatre sièges dont un vieux fauteuil. Voilà tout le mobilier. — La porte de la guérite était percée d'une petite ouverture grillée servant d'observatoire à la Sœur.

Elle me fit remarquer tous ces détails, un à un, comme un enfant qui montrerait le ménage de sa poupée. J'étais ébahi de tant de naïveté religieuse qui procurait tant de bonheur, au milieu de tant de fatigues, et dans une si mince cahutte. — Je voudrais avoir assez de place ici pour vous répéter mot à mot ma conversation avec la bonne Sœur ; elle me conta combien de fois la nuit, elle était obligée de faire le trajet d'une guérite à l'autre (*) ; le froid et l'humidité dont elle souffrait habituellement ; le sommeil qu'elle n'avait pas le temps de prendre ; — par malheur elle était toujours malade... — Qui ne serait pas malade avec cette vie ! — Sans cela, disait-elle, elle se trouverait trop heureuse ! — Le lit de la guérite était trop petit, et d'ailleurs les punaises s'en étaient emparées ; — *aussi*

(*) Elle attendait, dans la grande guérite, la diligence de dix heures du soir et celle de minuit ; puis elle allait à l'autre pour le passage de la voiture de trois heures, et retournait à la première attendre le courrier de cinq heures du matin. — Elle se présentait, en outre, auprès des fréquentes chaises de poste qui relayaient à toute heure à Orgon.

depuis douze ans elle ne s'était pas couchée ; je
me trompe, elle se coucha une fois dans cet
intervalle, pendant huit jours, à la suite d'une
chute la nuit, sur le verglas, chute qui faillit
l'estropier pour toute sa vie ! — Son bonheur,
sa consolation, avec toutes ces peines, c'était la
prière ; la pluie la mouillait à ne plus pouvoir
se sécher, elle priait ; le froid lui prenait les
pieds, les mains, la figure, à ne plus les sentir,
elle priait ; la lassitude appesantissait ses pau-
pières, elle priait pour se tenir éveillée ; puis
elle contemplait son petit reposoir de poupée,
dont elle ne se lassait jamais d'admirer la jolie
Sainte-Vierge, le joli saint Joseph. — Je lui dis
qu'elle était bien pâle et bien fatiguée. — Je
ne le savais pas, reprit-elle naïvement. — Elle
n'avait pas même un miroir.

— Où trouvera-t-on en dehors de la religion
chrétienne des dévouements inconnus et absolus
à un tel point, sans compensation de bruit ou
de gloire humaine, sans espérance sur la terre,
et qui n'ont de foi que dans l'avenir au-delà de
la mort ? — Et où donc aussi se trouvera la
véritable abnégation de la charité, si ce n'est
dans cette vie obscure, sacrifice humble et con-
tinuel de soi, pour faire un peu de bien à d'autres qui souffrent ? — Pour satisfaire toutes les
curiosités, je dois dire que la quête de la sœur
sainte Madeleine produit, bon an mal an, à
l'hôpital d'Orgon, un revenu de quinze à dix-
huit cents francs. C'est presque la seule res-
source de ce petit hospice.

F. GUILLIBERT [*].

(*) François-Henri-Maurice-Félix Guillibert, avocat, né le 8 juin 1842,
décédé à Aix le 15 juillet 1842. — Voir le *Mémorial d'Aix*, l'*Echo de
Provence* du 17 juillet 1842, et le *Mercure Aptésien* du 24 juillet suivant.—
On peut lire aussi un article dans ce même journal du 13 juillet dernier
reproduit par la *Gazette du Midi* du 17.

EXTRAIT

DU DISCOURS SUR LES PRIX DE VERTU

PRONONCÉ

Par M. le comte de MONTALEMBERT

A la séance publique de l'Académie française le 3 juillet 1862.

Cent vingt mémoires nous ont été envoyés depuis l'année dernière par les autorités et les notables, qui nous recommandent des personnes dignes de fixer les suffrages de la compagnie. Dans ce nombre, vingt-trois ont paru mériter, à des titres divers, les distinctions accordées par l'Académie, et qui consisteront cette année en trois prix, en quatre médailles de première classe et seize de seconde.

La première place dans votre reconnaissante admiration appartient à Madeleine Laugier, surnommée *la Quêteuse*. Il n'est personne qui, ayant parcouru, de 1821 à 1847, la route d'Avignon à Marseille, n'ait conservé le souvenir de cette jeune femme à robe noire, à coiffe blanche, qui, au moment où les voitures, les voyageurs, les simples passants traversaient la ville d'Orgon,

se présentait à eux et leur tendait la main pour
les pauvres malades de l'hôpital de cette ville.
Née pauvre, et vouée dès l'enfance aux travaux
des champs, à l'âge de vingt ans, elle vit son
frère dangereusement malade et guéri à la suite
d'une neuvaine faite par elle au sanctuaire vé-
néré de Notre-Dame-de-Lumières, dans la vallée
d'Apt. Par reconnaissance de ce bienfait, elle
fit vœu d'embrasser la vie religieuse ; mais, faute
de dot et d'instruction suffisante, elle ne put
être admise dans une communauté ; ce fut alors
qu'elle se fit quêteuse pour les pauvres, et qu'elle
commença cette vie de fatigues incessantes qu'elle
a poursuivie jusqu'à ce jour pour l'amour de
Dieu et du prochain. Pendant vingt-six années
consécutives on l'a vue, hiver et été, braver
tantôt la chaleur suffocante et la poussière provençale, tantôt le souffle violent du mistral, être
à son poste à chaque heure du jour et de la
nuit, attendre les passants sur la grande route
et n'en laisser échapper aucun à sa modeste
importunité. Son unique abri, pendant ces vingt-
six ans, a été une guérite en planches de cinq
pieds carrés, qu'on a depuis achetée et conser-
vée comme une relique. Bien que si jeune, et,
disons-le avec le maire d'Orgon, sans qu'elle
l'entende et sans qu'elle l'ait jamais su, bien
que très belle, cette vierge candide, qui passait
ses jours et ses nuits au milieu des postillons

et des charretiers, n'a jamais été insultée. L'admiration publique lui servait de sauvegarde inviolable. Si quelqu'un, nous dit le premier magistrat de sa ville natale, eût osé se permettre envers elle la moindre inconvenance, cent bras se seraient levés pour l'écraser. A ce pénible métier, elle ramassait annuellement dix-huit cents à deux mille francs, et elle a pu augmenter les trop faibles ressources des hôpitaux d'Orgon de plus de 50,000 francs, accumulés ainsi sou à sou par le plus généreux et le plus infatigable dévouement. L'âge de Madeleine, aujourd'hui sexagénaire, et surtout l'établissement des chemins de fer, l'ont obligée de donner à ce dévouement une autre forme, mais n'en ont point atténué les efforts, qui soutiennent toujours, avec l'existence de son frère, celle d'un grand nombre d'infortunés. L'Académie veut concourir à ses bonnes œuvres, en lui offrant un prix de 3,000 francs.